JN338462

이 노트는 _____ 의 것입니다.

안녕, 과학!
잠재력을 깨우는 질문 노트

레이첼 이그노토프스키 글·그림 | 안민희 옮김

길벗어린이

"과학과
일상생활은
분리될 수 없고
분리되어서도
안 된다."

- 로절린드 프랭클린
(화학자, X선 결정학자)

이 노트에 대하여

매일 아침 눈을 뜨면 호기심이 샘솟고
세상을 더 알아보고 싶어 몸이 근질근질한가요?
그렇다면 여러분은 과학자의 자질이 있어요!

이 노트와 함께 자신의 생각을 키우고,
우주에 대해 질문하고, 자신이 좋아하는 일을
반드시 해내겠다는 꿈을 품고 계획을 세워 보세요.
노트에 실린 과학 자료들은 그 꿈을 향해 나아가는 데
도움이 될 거예요.

그럼, 여러분의 반짝이는 생각들로 빈 페이지를
마음껏 채워 보세요!

```
가설을 세운다. → 실험한다.
                      ↓
                 실험 결과를 분석한다.
                      ↓
다시 한 번 확실하게 검사한다. ← 예. ← 가설이 맞는가?
                               ↓
                              아니요.
                               ↓
다음 프로젝트와 새로운 가설의 밑거름이 될 데이터를 확보했다! ← 결과를 공유한다!
```

도량형 환산

미터법 위주

부피

$1,000 mm^3 = 1 cm^3$

$1,000 cm^3 = 1 dm^3$

$1,000 dm^3 = 1 m^3$

$16.387 cm^3 = 1 in^3$

$0.061 in^3 = 1 cm^3$

$1 cm^3 = 1 cc$

$1 cm^3 = 1 ml$

$158.9 l = 1 bbl$

$100 ml = 1 dl$

$10 dl = 1 l$

$1,000 cm^3 = 1 l$

$3.7854 l = 1 gal$

$1.308 yd^3 = 1 m^3$

무게

$1,000 mg = 1 g$

$1,000 g = 1 kg$

$1,000 kg = 1 t$

$1 lb = 16 oz$

$1 lb = 7,000 gr$

$1 oz = 437.5 gr$

$28.3495 g = 1 oz$

$453.592 g = 1 lb$

$0.0648 g = 1 gr$

길이

10mm = 1cm
10cm = 1dm
10dm = 1m
10m = 1dam
100dam = 1km
1,000m = 1km
2.54cm = 1in
0.3937in = 1cm
12in = 1ft
3ft = 1yd
5,280ft = 1mi
1.6093km = 1mi
1.852km = 1해리
1.1508mi = 1해리

넓이

$100mm^2 = 1cm^2$
$100cm^2 = 1dm^2$
$100dm^2 = 1m^2$
$10,000cm^2 = 1m^2$
$100m^2 = 1dam^2$
$10,000dam^2 = 1km^2$
$100dam^2 = 1ha$
$0.4047ha = 1ac$
$2.471ac = 1ha$
$6.4516cm^2 = 1in^2$
$0.155in^2 = 1cm^2$
$144in^2 = 1ft^2$
$9ft^2 = 1yd^2$
$4,840yd^2 = 1ac$
$640ac = 1mi^2$
$0.3861mi^2 = 1km^2$
$2.59km^2 = 1mi^2$

기하학 공식

정사각형

둘레 = 4 × S
넓이 = S^2

직사각형

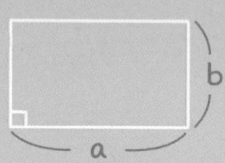

둘레 = 2 (a + b)
넓이 = a × b

사다리꼴

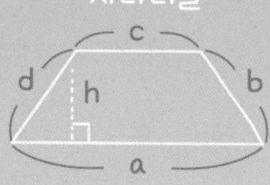

둘레 = a + b + c + d
넓이 = $\frac{1}{2}$ × (a + c) × h

평행사변형

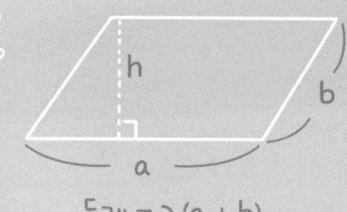

둘레 = 2 (a + b)
넓이 = a × h

원

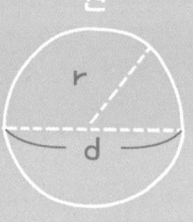

넓이 = π × r^2
둘레 = π × d
　　 = 2 × π × r

정다각형

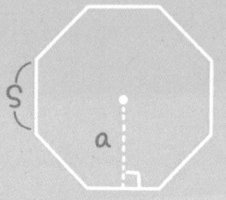

둘레 = S × (S의 개수)
넓이 = $\frac{1}{2}$ × a × (둘레)

삼각형

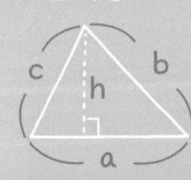

둘레 = a + b + c
넓이 = $\frac{1}{2}$ × a × h

직각삼각형

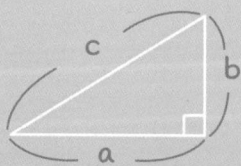

둘레 = a + b + c
넓이 = $\frac{1}{2}$ × a × b

피타고라스의 공식 :
$a^2 + b^2 = c^2$

삼각형 내각의 합

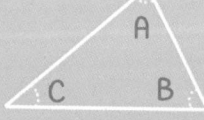

A + B + C = 180°

원뿔

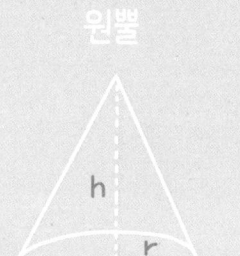

부피 $= \frac{1}{3} \times \pi \times r^2 \times h$

사각뿔

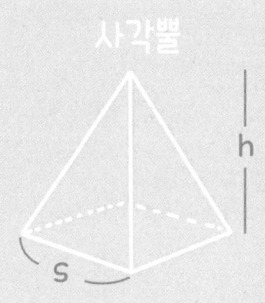

부피 $= \frac{1}{3} \times$ (밑면 넓이) $\times h$

삼각기둥

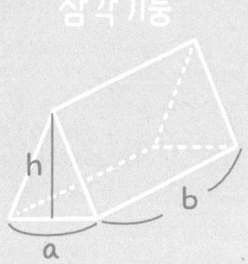

부피 $= \frac{1}{2} \times h \times a \times b$

부채꼴

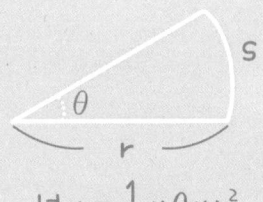

넓이 $= \frac{1}{2} \times \theta \times r^2$

호의 길이(S) $= r \times \theta$

구

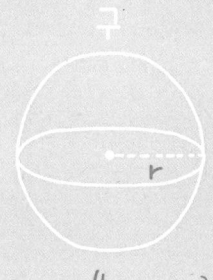

부피 $= \frac{4}{3} \times \pi \times r^3$

정육면체

부피 $= S^3$

원환체

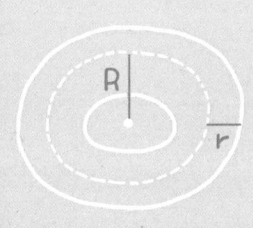

겉넓이 $= (2 \times \pi \times R) \times (2 \times \pi \times r)$

부피 $= (\pi \times r^2) \times (2 \times \pi \times R)$

육면체

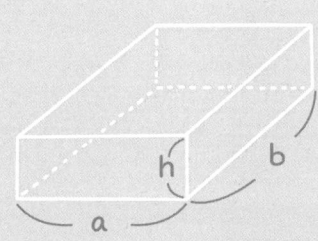

부피 $= a \times b \times h$

겉넓이 $= 2 \times a \times b + 2 \times a \times h + 2 \times b \times h$

원기둥

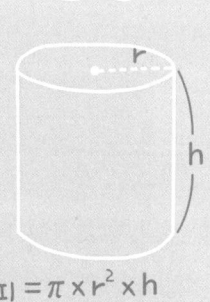

부피 $= \pi \times r^2 \times h$

겉넓이 $= 2 \times \pi \times r^2 + 2 \times \pi \times r \times h$

물리학 방정식

뉴턴의 법칙

가속도 $a = \dfrac{F \text{ 힘}}{m \text{ 질량}}$

무게 $W = mg$ 질량, 중력 가속도

마찰 계수 $\mu = \dfrac{F_f \text{ 마찰력}}{F_N \text{ 수직 항력}}$

중력 $F_g = \dfrac{G m_1 m_2}{r^2}$ 중력 상수, 질량1, 질량2 / 질량 1과 2의 거리

에너지와 힘

일 $W = Fd$ 힘, 거리

일률 $P = \dfrac{W \text{ 일}}{t \text{ 시간}}$

$W = \Delta E_K = -\Delta E_P$ 운동 에너지의 변화량 / 위치 에너지의 변화량

운동 에너지 $E_K = \dfrac{1}{2} mv^2$ 속력, 질량

위치 에너지 $E_P = mgh$ 높이, 질량, 중력 가속도

효율(%) = $\dfrac{\text{출력 에너지}}{\text{입력 에너지}} \times 100$

가속도

평균 가속도 $a_{av} = \dfrac{\Delta v}{\Delta t}$ 속도의 변화량 / 시간의 변화량

순간가속도 $a = \dfrac{dv}{dt}$ 속도의 순간 변화량 / 시간의 순간 변화량

운동량

운동량 $P = mv$ 질량, 속력

나중 운동량 $p_f = p_i + I$ 충격량 / 처음 운동량

거리, 속력, 시간

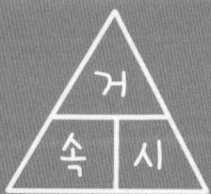

삼각비

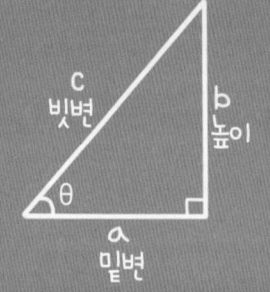

$\sin\theta = \dfrac{b}{c}$

$\cos\theta = \dfrac{a}{c}$

$\tan\theta = \dfrac{b}{a}$

등속도 운동

평균 속도 $v_{av} = \dfrac{\Delta d}{\Delta t}$ 위치의 변화량 / 시간의 변화량

특수 상대성 이론

$$t = \frac{t_0 \text{ 고유 시간}}{\sqrt{1-\frac{v^2}{c^2}} \text{ 광속}} \text{ 속도}$$

지연 시간

에너지 $E = mc^2$ 질량, 광속

파동과 빛

파동의 속도 $v = f\lambda$ 진동수, 파장

주기 $T = \dfrac{1}{f}$ 진동수

물체와 렌즈의 거리 $\dfrac{1}{d_o} + \dfrac{1}{d_i} = \dfrac{1}{f}$ 초점 거리
상과 렌즈의 거리

배율 $m = \dfrac{d_i}{d_o}$ 상과 렌즈의 거리
물체와 렌즈의 거리

임계각 $\theta_c = \sin^{-1}\left(\dfrac{n_2}{n_1}\right)$ 굴절률 2
굴절률 1

이차 방정식 근의 공식

$ax^2 + bx + c = 0$ 일때 (단, $a \neq 0$)

$$x = \frac{-b \pm \sqrt{b^2 - 4ac}}{2a}$$

등가속도 운동

(처음 속도가 0일 때)
위치 변화 $d = \dfrac{1}{2}at^2$ 가속도, 시간

처음 속도
$d = v_i t + \dfrac{1}{2}at^2$

처음 속도, 나중 속도
$d = \left(\dfrac{v_i + v_f}{2}\right)t$ 시간

$v_f = v_i + at$

$v_f^2 = v_i^2 + 2ad$

평균 속도 $v_{av} = \dfrac{v_i + v_f}{2} = \dfrac{\Delta d}{\Delta t}$ 위치의 변화량
시간의 변화량

평균 가속도 $a_{av} = \dfrac{\Delta v}{\Delta t}$ 속도의 변화량
시간의 변화량

상수

중력 가속도 $g = 9.8 \text{ m/s}^2$

광속 $c = 3.00 \times 10^8 \text{ m/s}$

중력 상수 $G = 6.67 \times 10^{-11} \text{ Nm}^2/\text{kg}^2$

원주율 $\pi \approx 3.14$

백분율 오차

오차율 (%) $= \dfrac{\text{이론값} - \text{측정값}}{\text{이론값}} \times 100$

상대 오차 (%) $= \dfrac{\text{참값} - \text{근삿값}}{\text{참값}} \times 100$

원소 주기율표

족 →	1	2	3	4	5	6	7	8	9
주기 ↓									
1	1 H 수소								
2	3 Li 리튬	4 Be 베릴륨							
3	11 Na 나트륨	12 Mg 마그네슘							
4	19 K 칼륨	20 Ca 칼슘	21 Sc 스칸듐	22 Ti 타이타늄	23 V 바나듐	24 Cr 크로뮴	25 Mn 망가니즈	26 Fe 철	27 Co 코발트
5	37 Rb 루비듐	38 Sr 스트론튬	39 Y 이트륨	40 Zr 지르코늄	41 Nb 나이오븀	42 Mo 몰리브데넘	43 Tc 테크네튬	44 Ru 루테늄	45 Rh 로듐
6	55 Cs 세슘	56 Ba 바륨	57~71 란타넘족*	72 Hf 하프늄	73 Ta 탄탈럼	74 W 텅스텐	75 Re 레늄	76 Os 오스뮴	77 Ir 이리듐
7	87 Fr 프랑슘	88 Ra 라듐	89~103 악티늄족**	104 Rf 러더포듐	105 Db 더브늄	106 Sg 시보귬	107 Bh 보륨	108 Hs 하슘	109 Mt 마이트너륨

- 6 — 원자 번호 (양성자 수와 같음)
- C — 원소 기호
- 탄소 — 원소 이름

*란타넘족

| 57
La
란타넘 | 58
Ce
세륨 | 59
Pr
프라세오디뮴 | 60
Nd
네오디뮴 | 61
Pm
프로메튬 | 62
Sm
사마륨 | 63
Eu
유로퓸 |

**악티늄족

| 89
Ac
악티늄 | 90
Th
토륨 | 91
Pa
프로트악티늄 | 92
U
우라늄 | 93
Np
넵투늄 | 94
Pu
플루토늄 | 95
Am
아메리슘 |

10	11	12	13	14	15	16	17	18
								2 He 헬륨
			5 B 붕소	6 C 탄소	7 N 질소	8 O 산소	9 F 플루오린	10 Ne 네온
			13 Al 알루미늄	14 Si 규소	15 P 인	16 S 황	17 Cl 염소	18 Ar 아르곤
28 Ni 니켈	29 Cu 구리	30 Zn 아연	31 Ga 갈륨	32 Ge 저마늄	33 As 비소	34 Se 셀레늄	35 Br 브로민	36 Kr 크립톤
46 Pd 팔라듐	47 Ag 은	48 Cd 카드뮴	49 In 인듐	50 Sn 주석	51 Sb 안티모니	52 Te 텔루륨	53 I 아이오딘	54 Xe 제논
78 Pt 백금	79 Au 금	80 Hg 수은	81 Tl 탈륨	82 Pb 납	83 Bi 비스무트	84 Po 폴로늄	85 At 아스타틴	86 Rn 라돈
110 Ds 다름슈타튬	111 Rg 뢴트게늄	112 Cn 코페르니슘	113 Nh 니호늄	114 Fl 플레로븀	115 Mc 모스코븀	116 Lv 리버모륨	117 Ts 테네신	118 Og 오가네손

64 Gd 가돌리늄	65 Tb 터븀	66 Dy 디스프로슘	67 Ho 홀뮴	68 Er 어븀	69 Tm 툴륨	70 Yb 이터븀	71 Lu 루테륨
96 Cm 퀴륨	97 Bk 버클륨	98 Cf 캘리포늄	99 Es 아인슈타이늄	100 Fm 페르뮴	101 Md 멘델레븀	102 No 노벨륨	103 Lr 로렌슘

별자리 지도

물고기자리
고래자리
페가수스자리
양자리
황소자리
물병자리
삼각형자리
안드로메다자리
돌고래자리
카시오페이아자리
페르세우스자리
오리온자리
백조자리
독수리자리
거문고자리
기린자리
마차부자리
작은곰자리
쌍둥이자리
헤라클레스자리
살쾡이자리
뱀주인자리
용자리
게자리
큰곰자리
북쪽왕관자리
머리털자리
목동자리
사자자리

북반구

HTML 코드 모음

HTML 웹사이트 구조

```
<html>
  <head>
    <title> 웹사이트 이름 </title>
  </head>
  <body>
  웹사이트 내용 & 정보
  </body>
</html>
```

텍스트

`<pre></pre>` - 지정된 서식 적용
`<h?> </h?>` - 1부터 6까지 글자 크기에 따른 제목
`<b></b>` - 볼드체
`<i></i>` - 이탤릭체
`<tt></tt>` - 타자기 글자체
`<cite></cite>` - 인용 표시
`<font size="?"></font>` - 글자 크기
`<font color="??????"></font>` - 색깔

서식

`<p></p>` - 새 문단
`<p align="?">` - 문단 정렬
                 (왼쪽, 오른쪽, 가운데)
`<br>` - 줄 바꿈

목록

`<dl></dl>` - 용어 설명 목록
`<dt>` - 설명할 용어
`<dd>` - 설명 내용
`<ol></ol>` - 순서 있는 목록
`<ul></ul>` - 순서 없는 목록
`<li></li>` - 목록의 항목들

링크

`<a href="URL"></a>` - 링크
`<a href="mailto:이메일"></a>` - 이메일
`<a href="URL"><img src="URL"></a>` - 이미지 링크
`<a name="?"></a>` - 특정 위치 이름 지정
`<a href="#?"></a>` - 특정 위치로 이동

표

```
<table border="?"> - 표 테두리 두께
<table cellspacing="?"> - 셀과 셀 사이 여백
<table cellpadding="?"> - 셀 안쪽 여백
<table width="?"> - 표 너비
<tr align="?"> - 셀 정렬 (왼쪽, 오른쪽, 가운데)
<tr valign="?"> - 셀의 세로 정렬 (위, 가운데, 아래)
<td colspan="?"> - 열 개수
<td rowspan="?"> - 행 개수
```

프레임

```
<frameset>...</frameset> - 프레임 나누기
<frameset rows="?,?"> - 가로로 나누기
<frameset cols="?,?"> - 세로로 나누기
<noframes></noframes> - 프레임을 지원하지
                       않는 브라우저용
```

이미지

```
<img src="URL"> - 이미지 넣기
<img src="NAME" align="?"> - 파일 이름 / 정렬
alt="TEXT" - 텍스트 / 대체 텍스트
width="?" - 그림 너비
height="?" - 그림 높이
```

입력 양식

```
<form></form>
<select multiple name="?" size="?"></select>
                    - 스크롤 메뉴 & 항목 개수

<option> - 선택할 수 있는 항목들

<select name="?"></select> - 드롭다운 메뉴

<textarea name="?" cols="?" rows="?"></textarea name>
                    - 텍스트 입력 상자 너비와 높이

<input type="checkbox" name="?">
                    - 체크박스 & 텍스트 태그

<input type="radio" name="?" value="?">
                    - 라디오 버튼

<input type="text" name="?" size="?">
                    - 텍스트 입력 칸 & 길이

<input type="submit" value="?">
                    - 전송 버튼 지정

<button type="submit">Submit</button>
                    - 전송 / 전송 버튼 만들기

<input type="reset"> - 초기화 버튼 만들기
```

"첫째, 호기심을 가져라. 둘째, 더 많은 호기심을 가져라.
셋째, 더욱더 많은 호기심을 가져라.
마지막은 열정이다. 호기심을 넘어 자기가
하는 일을 정말로 좋아해야 한다."

— 아다 요나트(노벨상 수상 결정학자)

수학이나 과학 지식을 일상생활에 활용한 적이 있나요?
어떤 경우였나요?

"현재의 통념으로는 이해할 수 없는 사실을 만났을 때보다
더 강렬한 환희의 순간은 없다."

– 세실리아 페인가포슈킨(천문학자, 천체 물리학자)

어려운 문제를 해결하는 방법을
생각해 냈을 때를 떠올려 보세요.
그 방법은 어떤 것이었고, 어떻게 생각해 내게 되었나요?

"나는 앞으로 나아가는 길은 빠르지도 쉽지도 않다는 것을 배웠다."

— 마리 퀴리
(노벨상 수상 물리학자, 화학자)

올해 이루고 싶은 목표는 무엇인가요?
그 목표를 이루기 위해 이번 달에 무슨 일을 할 계획인가요?
이번 주에는요?

"모든 생명의 가치를 깨닫고 나면 과거에 살기보다
미래를 지키는 데 더 힘을 기울이게 된다."

– 다이앤 포시(동물학자, 영장류 학자, 인류학자)

가장 좋아하는 동물은 무엇인가요? 그 이유는요?

"남들이 당신의 상상력이나 창조성, 호기심을 빼앗아 가도록
놔두지 말라. 그건 세상에서 당신이 있을 자리,
당신의 삶을 빼앗기는 것이다."
- 메이 제미슨(우주 비행사, 교육자, 의사,
최초의 아프리카계 미국인 여성 우주인)

독특한 모양의 자연물을 찾아 자세히 관찰해 보세요.
그림으로도 그려볼까요.

관찰 내용

"새로운 생각에 마음을 열고 이것저것 만지작거리다 보면
무슨 일이든 일어날 수 있다."

- 스테파니 퀼렉(화학자)

초능력 한 가지를 얻을 수 있다면, 무엇을 얻고 싶나요?
그 이유는요?
_____

"가서 두드려 보기 전까지는 문이 닫혀서
들어갈 수 없다는 것도 몰랐다."
― 거트루드 엘리언(노벨상 수상 약리학자, 생화학자)

옳은 일을 하기 위해 규칙을 어겨 본 적이 있나요?

"진실한 삶을 살고,
양심을 길잡이로
삼으라.
앞장서서 나아가고,
마음이 가는 대로
따르고,
인류의 미래에
이바지하라."

- 사우란 우(입자 물리학자)

지금까지 해낸 일 중에 가장 자랑스러운 것은 무엇인가요?

"엔지니어들은 대부분 A에서 B에서 C로 논리적 단계를 따라 순서대로 나아가는 걸 선호한다. 나처럼 정답은 보나 마나 Z라고 말하는 엔지니어는 드물다."

– 소피 윌슨(컴퓨터 과학자, 소프트웨어 엔지니어)

미래에 개발하고 싶은 신기술이 있다면 무엇인가요?
그 기술로 무슨 문제를 해결할 수 있나요?
_____

"우리에게는 주변의 모든 것을 알고 싶은 마음의 허기가 있고,
더 많은 지식을 얻을수록 알고자 하는 욕망도 더 커진다.
더 많이 볼수록, 더 많이 볼 수 있게 된다."

– 마리아 미첼(미국 최초의 여성 천문학자)

타임머신을 타고 과거로 갈 수 있다면 언제, 어디로 가고 싶나요? 누구를 만나고 싶나요? 그 이유는요?

"더 똑똑한 사람이 될수록 살면서 결정을 내려야 할 때
더 제대로 준비할 수 있고, 삶이 더 만족스러워진다.
매력적인 사람이든 재미있는 사람이든 자신이 원하는
모습대로 살 수 있는 가능성도 더 커진다."

– 대니카 매켈러(수학자, 작가, 배우)

직접 보고 싶은 자연 현상이 있다면 무엇인가요?
그 이유는요?

"사람들에게 도와달라고 하는 걸 어려워하지 말라, 무시하고 싶은 말은 그냥 무시하라!"

– 엘리자베스 블랙번(노벨상 수상 분자 생물학자)

지금까지 받아 본 조언 가운데 가장 도움이 된 것은 무엇이었나요?

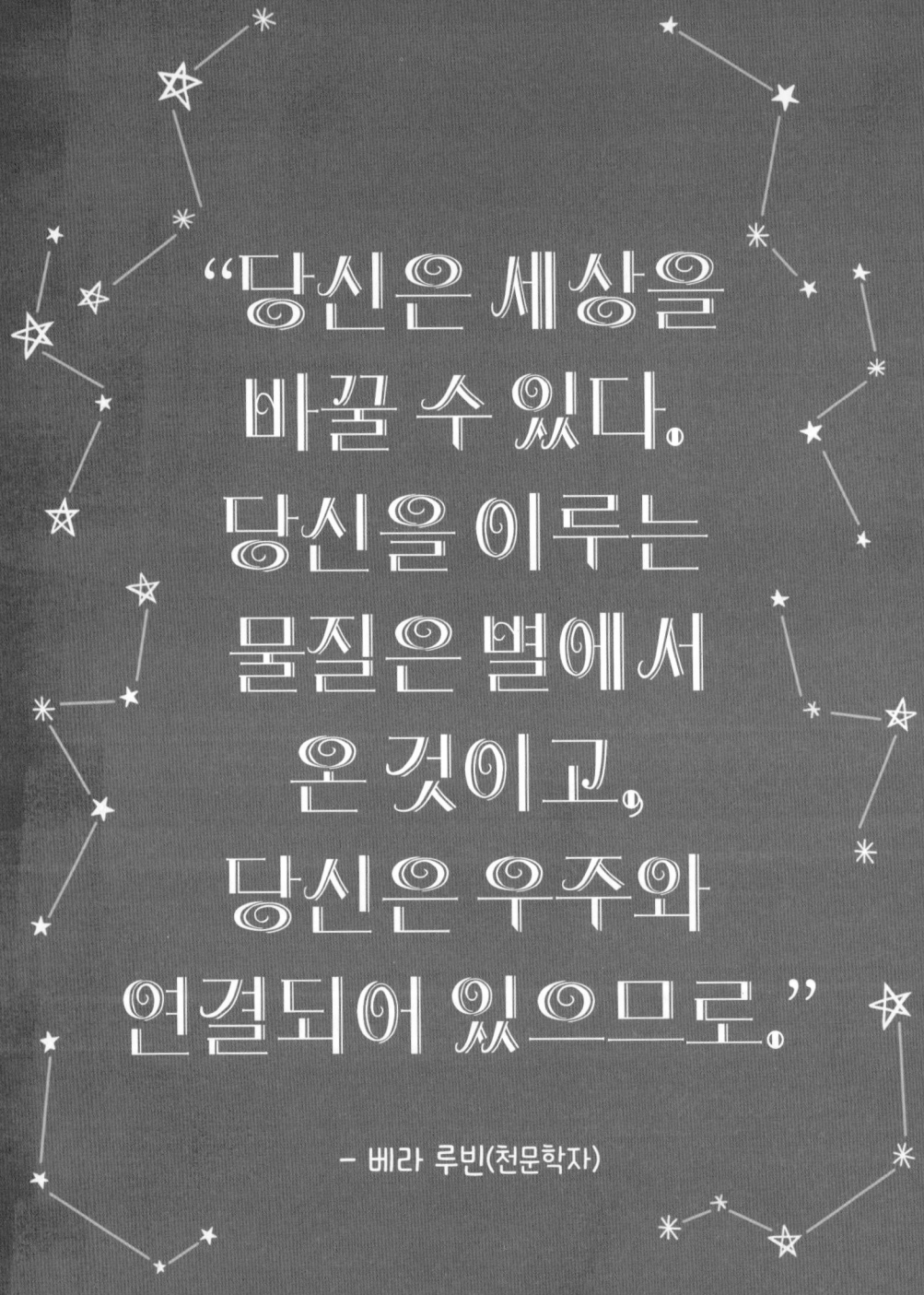

앞으로 이루고 싶은 꿈은 무엇인가요?

"우리는 곧잘 나 한 사람이 무엇을 할 수 있겠느냐고 묻곤 하지만,
역사를 보면 모든 좋은 일과 나쁜 일은 누군가 뭔가를 하거나
하지 않는 데서 시작한다."

– 실비아 얼(해양 생물학자, 탐험가, 잠수사)

세계의 중요한 문제 하나를 해결할 수 있다면,
무엇을 해결하고 싶나요? 그 이유는 무엇인가요?

"과학을 사랑하는 사람이 정말로 원하는 것은
계속 과학을 하는 것뿐이다."
— 마리아 거트루드 메이어(노벨상 수상 이론 물리학자)

관찰 내용

최근에 새롭게 알게 되었거나 배운 것을
그림으로 그려 설명해 보세요.

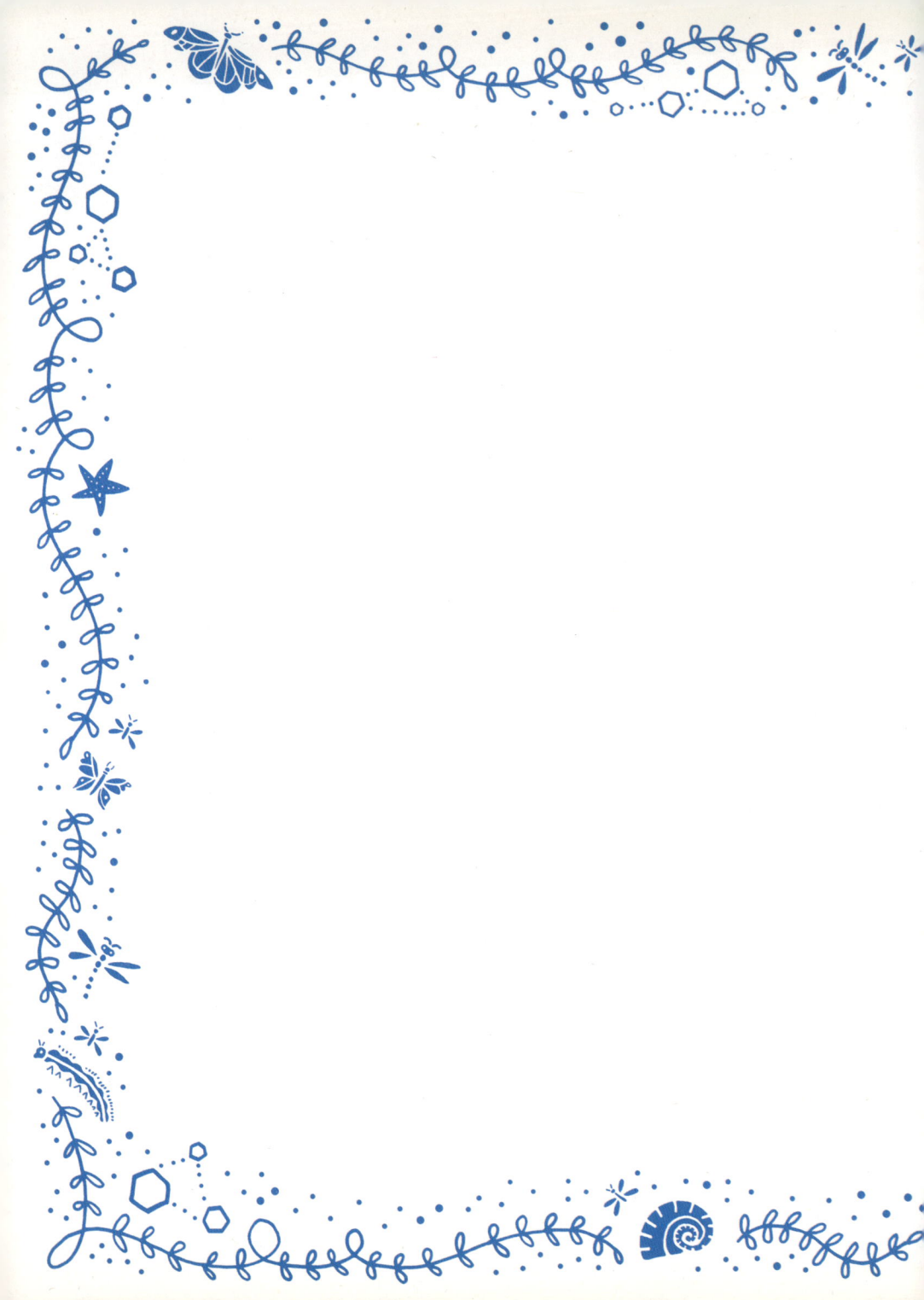

"무엇보다도, 힘든 순간을 겁내지 말라.
최고의 순간은 그다음에 오니까."

- 리타 레비몬탈치니(노벨상 수상 신경학자, 이탈리아 상원 의원)

자신이 무서워하는 것 세 가지를 써 보세요.
그 무서움을 극복하기 위해 어떤 일을 하나요?

"오만해지면 안 된다. 오만함은 호기심을 죽이니까."

– 미나 비셀(생물학자)

실패했거나 목표를 이루지 못한 경우를 이야기해 보세요. 그 일에서 무엇을 깨달았나요?

"우리는
자기 자신을
믿어야 한다.
우리는 우리가
품은 포부에 걸맞은
자신감과 용기,
해내겠다는 의지를
가져야 한다."

- 로절린 얠로
(노벨상 수상 의학 물리학자)

내 인생에서 힘이 되어 주는 사람을 세 명만 꼽아 보세요.
그 사람들이 어떤 점에서 힘이 되나요?

"보장된 출연료보다 미래에 대한 희망과
호기심이 더 좋아 보였다."

- 헤디 라마(발명가, 영화배우)

평소에 주로 어떤 꿈을 꾸나요? 기억나는 꿈이 있나요?

"아는 대로 말하고, 해야 하는 일을 하라.
무슨 일이 있어도."
- 소피야 코발렙스카야(수학자)

밖으로 나가서 밤하늘의 별자리를 관찰해 보세요.
어떤 모양으로 보이는지 그려 보세요.

관찰 내용

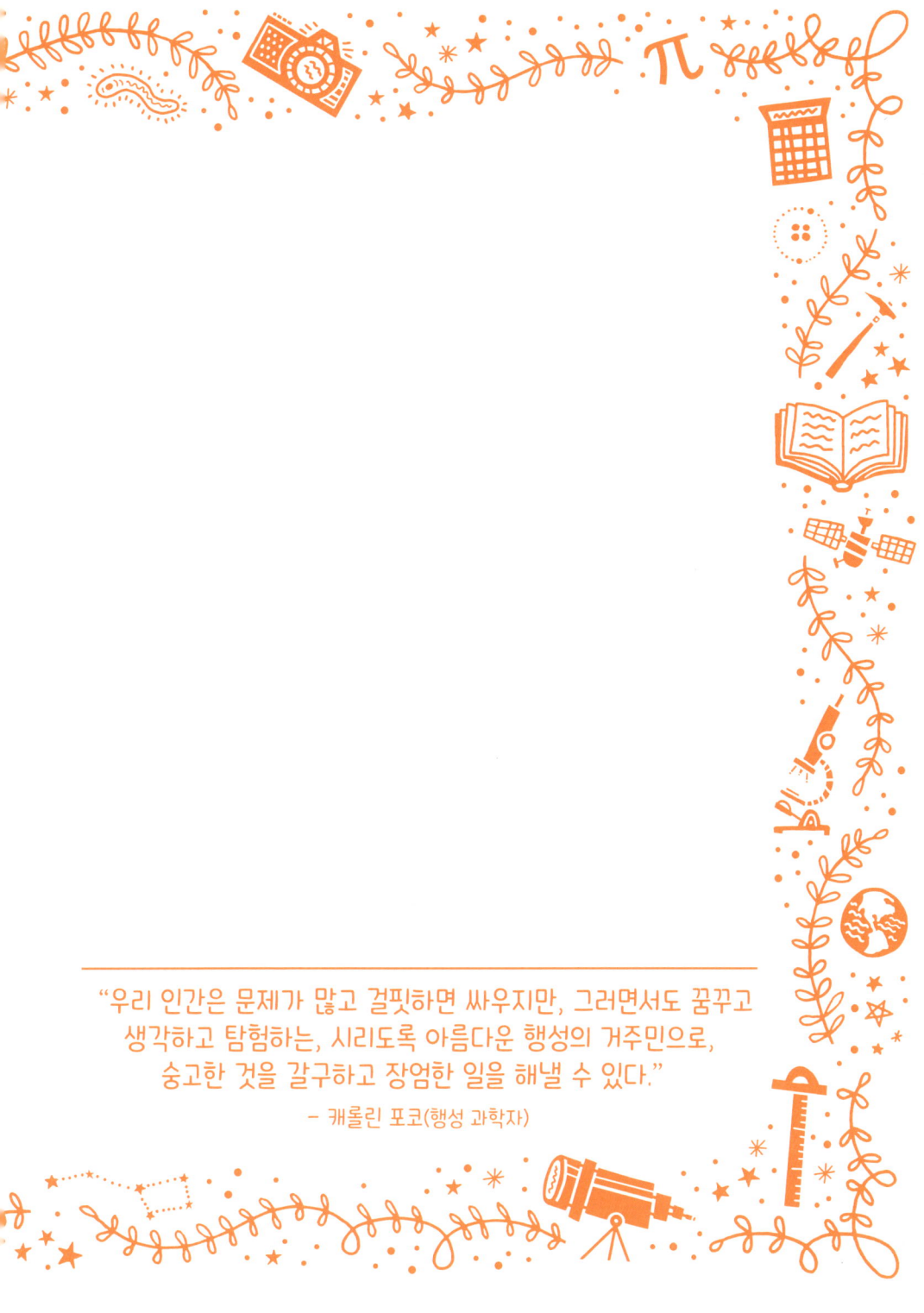

"우리 인간은 문제가 많고 걸핏하면 싸우지만, 그러면서도 꿈꾸고 생각하고 탐험하는, 시리도록 아름다운 행성의 거주민으로, 숭고한 것을 갈구하고 장엄한 일을 해낼 수 있다."

— 캐롤린 포코(행성 과학자)

과학을 좋아하게 된 계기는 무엇인가요?

자연에서 가장 매력적이라고 생각하는 것은 무엇인가요?
그 이유는요?

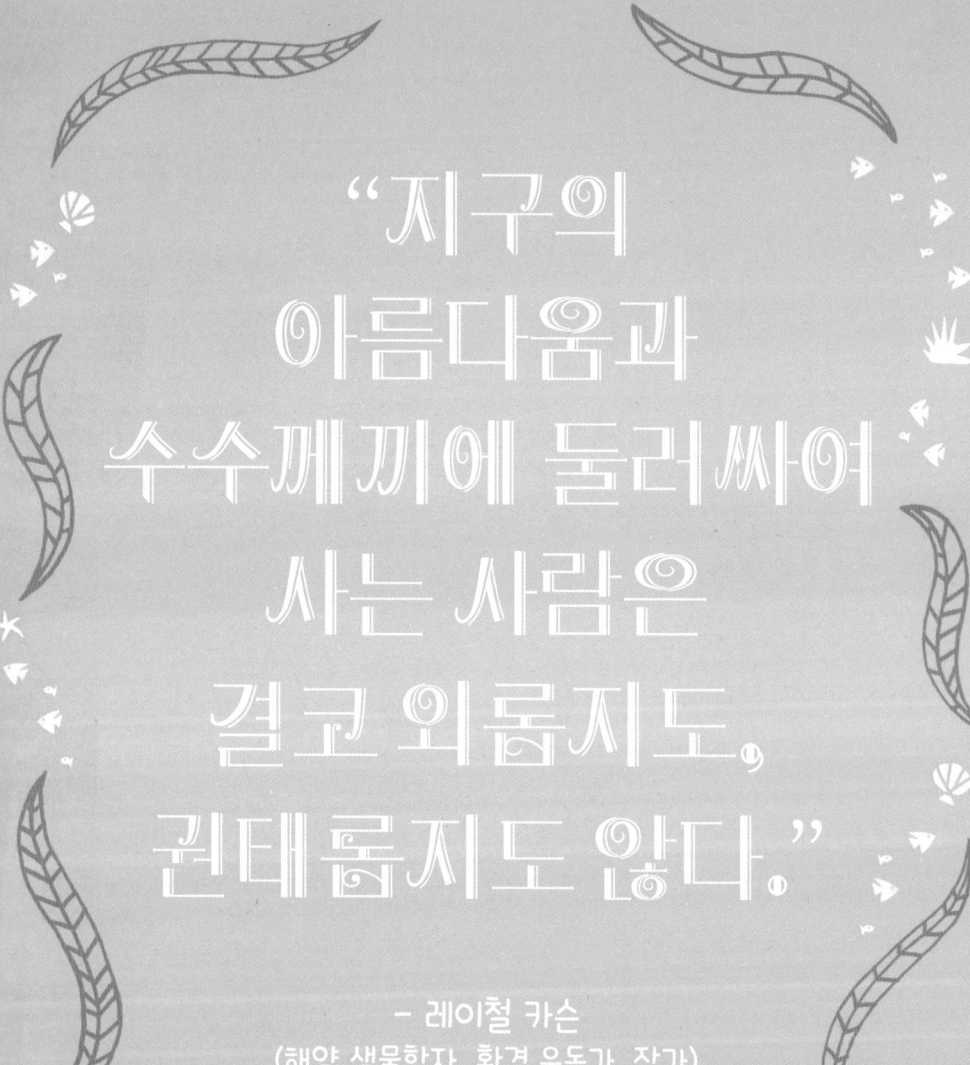

"지구의 아름다움과 수수께끼에 둘러싸여 사는 사람은 결코 외롭지도, 권태롭지도 않다."

- 레이첼 카슨
(해양 생물학자, 환경 운동가, 작가)

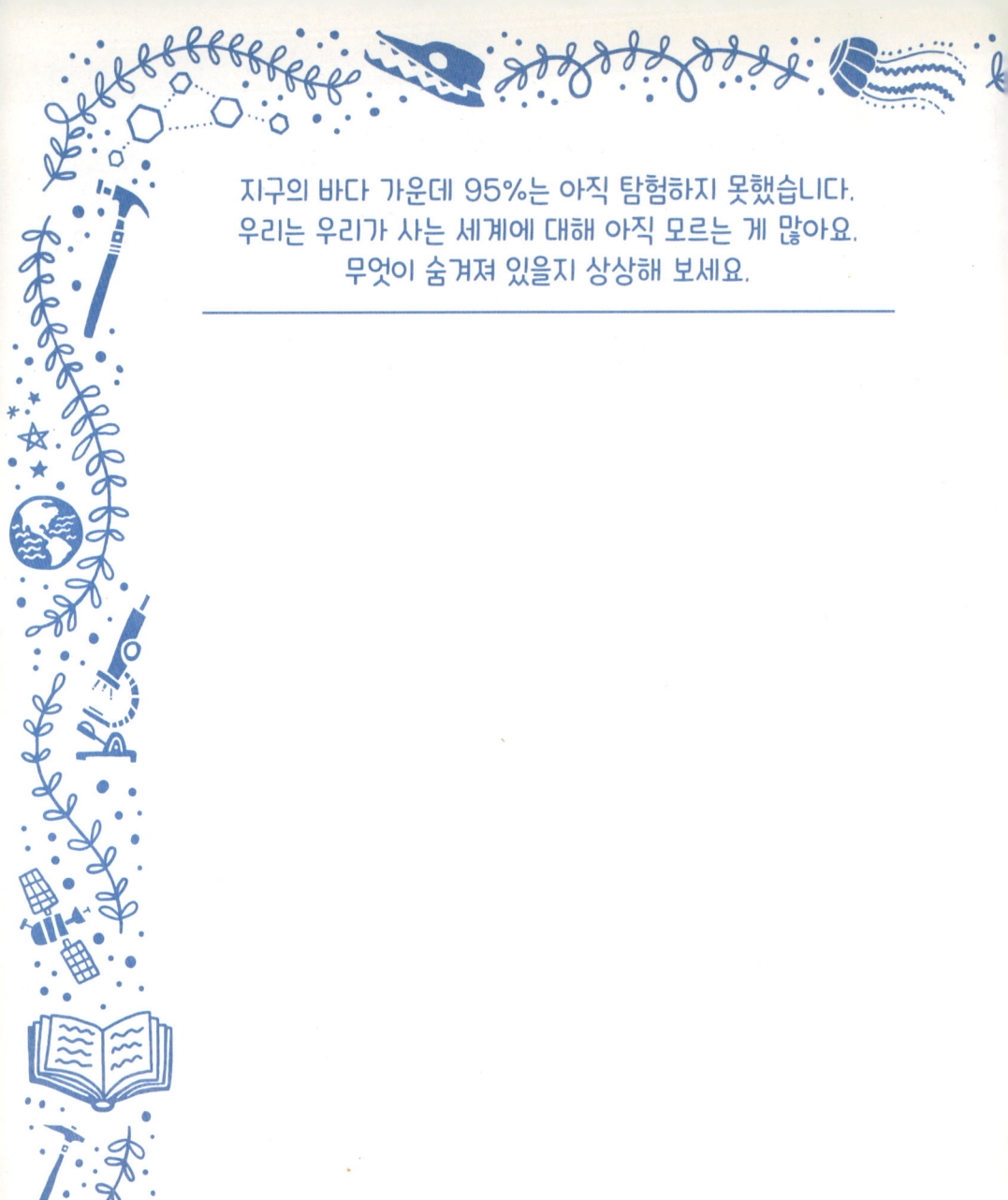

지구의 바다 가운데 95%는 아직 탐험하지 못했습니다.
우리는 우리가 사는 세계에 대해 아직 모르는 게 많아요.
무엇이 숨겨져 있을지 상상해 보세요.

"첫째로, 자기가 하는 일을 좋아해야 한다.
그것 말고 다른 이유로 그 일을 한다면 잘되지 않을 테니까.
둘째로, 자기 자신에 충실해야 한다.
자신만의 고유한 특성과 재능이 무엇인지 알아야 한다."

- 이디스 플래니건(화학자)

인생에서 당신을 성장할 수 있게 도와주는 사람은 누구인가요?
꿈을 좇으라고 응원해 주는 사람은 누구인가요?

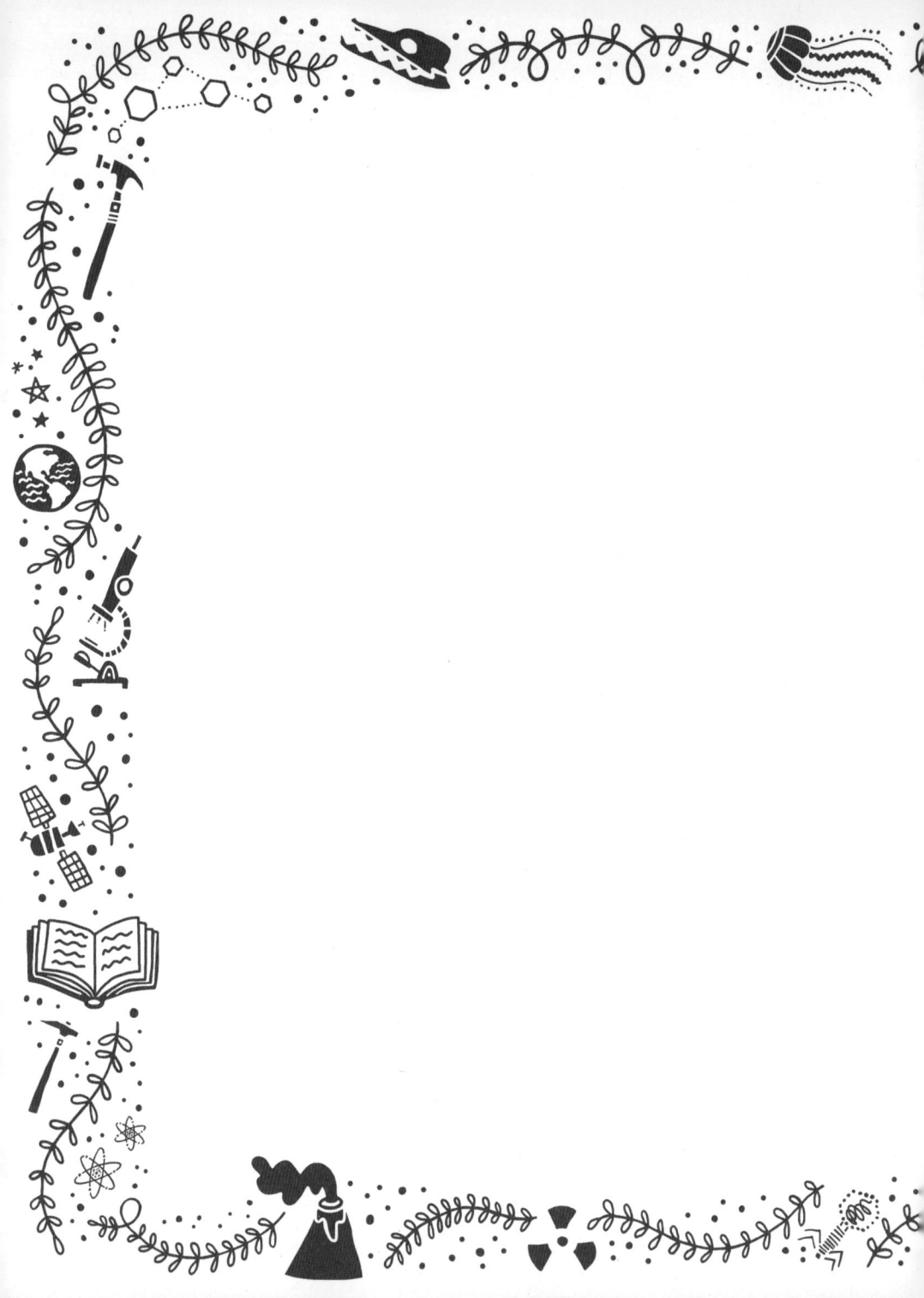

"서로 관심사가 같고 동기 부여를 해 주는 친구가 있다는 것은
가치를 따질 수 없는 일이다."

– 마리암 미르자하니(수학자)

인생의 목표 열 가지를 적어 보세요.

1.

2.

3.

4.

5.

6.

7.

8.

9.

10.

"'늘 이렇게 해 왔다.'라는 말이 가장 위험하다."
- 그레이스 호퍼(해군 장성, 컴퓨터 과학자)

좋은 생각이 잘 떠오르는 때와 장소는 언제, 어디인가요?

"진실의 힘을 믿으라.
다수의 사고방식에 자신의 생각을 가두지 말라."

– 퍼트리샤 배스(안과 의사, 발명가)

"나는 겁내지 않고 내가 원하는 일을 했고, 목표를 이루기 위해
위험을 감수한 사람으로 기억되고 싶다."

— 샐리 라이드(우주 비행사, 미국 최초의 여성 우주인)

우주에 세 가지 물건을 가져갈 수 있다면,
무엇을 가져가고 싶나요?
_____

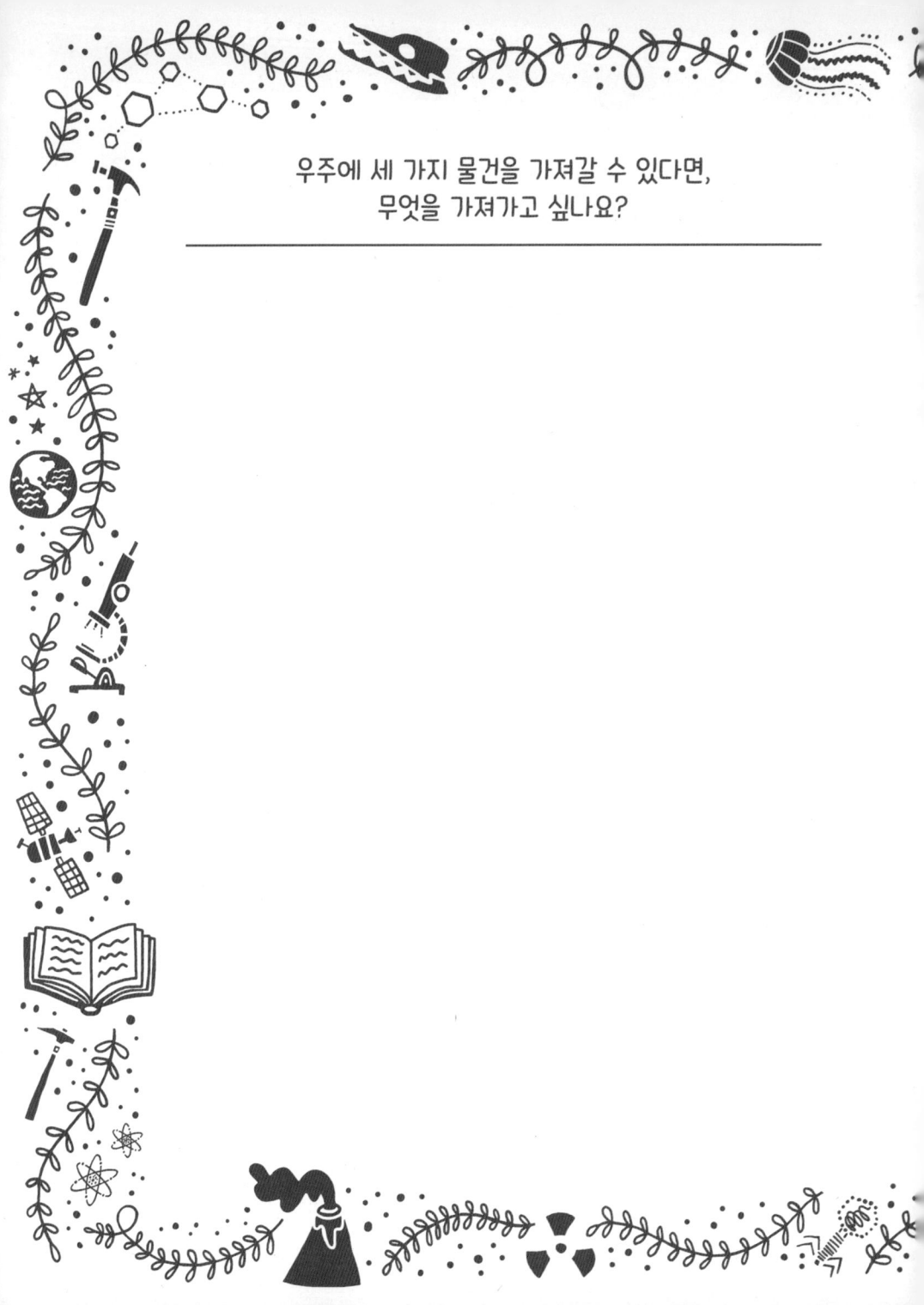

"우리는 교육을 편협한 사회가 정해 주는 한계를
넘어서는 수단으로 받아들였다."

- 이블린 보이드 그랜빌(수학자, IBM 사의 개발자)

가장 좋아하는 과목과 그 이유는 무엇인가요?

> "어떤 문제를 단지 풀기 쉽다는 이유로 풀어서는 안 된다.
> 내 머리를 사로잡고 놓아주지 않는 문제, 내가 꼭 이해해야만 하는
> 문제를 풀어야 한다. 그게 바로 기쁨의 원천이기 때문이다."
>
> – 린다 벅(노벨상 수상 생물학자)

존경하는 사람은 누구인가요?
그 사람의 어떤 점이 가장 존경스럽나요?

"이제껏 진보의 과정에서 가장 큰 걸림돌이 되어 온 것은 늘 비판의 여지가 없는 전통이었고, 지금도 그렇다."

— 우젠슝(실험 물리학자)

수면 위로 드러나 보이는 빙산은 전체의 10%에 불과합니다.
나머지 90%는 물 아래에 숨어 있지요.
겉으로는 잘 알 수 없는 당신의 숨겨진 모습은 무엇인가요?

"과학은 언제나 앞으로만 가지는 않는다.
마치 루빅큐브를 맞추는 것과 같다. 때로는 올바른 방향을
잡기 위해 루빅큐브를 더 헝클어야 할 때가 있다."

- 조슬린 벨 버넬(천체 물리학자)

이제껏 가 보지 않은 곳에 가서 눈에 띄는 것을 그려 보세요.

포기하고 싶은 마음이 들 때,
계속 나아갈 힘을 북돋아 주는 것은 무엇인가요?

"인생이 꼭 안락해야 할 필요는 없다. 공허하지만 않으면 된다."
― 리제 마이트너(물리학자)

살면서 꼭 필요하다고 생각하는 세 가지는 무엇인가요?
그 세 가지가 왜 중요한가요?

"우리의
영리한 두뇌와
인간다운
마음이 함께
작동할 때에만
우리는 최대 잠재력에
도달할 수 있다."

- 제인 구달
(영장류 학자, 동물 행동학자, 인류학자)

가장 좋아하는 책은 무엇인가요?
그 책의 어떤 점이 좋은가요?

"바른 길로 가고 있다는 것을 알게 되면, 마음속으로 그 사실을 깨닫게 되면, 아무도… 무슨 말로도 돌려세울 수 없다."

– 바버라 매클린톡(노벨상 수상 세포 유전학자)

우주 어디로든 여행할 수 있다면
어디로 가고 싶고 그 이유는 무엇인가요?
그곳에서 무엇을 보게 될지 상상해 보세요.

"누구나 자기만의 재능이 있고 할 수 있는 일이 있다.
내 인생을 남들이 결정하게 내버려 두지 말라."

– 셜리 앤 잭슨(물리학자)

자신에게 가장 자랑스러운 것이 있다면 무엇인가요?

안녕, 과학!
잠재력을 깨우는 질문 노트

레이철 이그노토프스키 글·그림 | 안민희 옮김

1판 1쇄 펴낸날 2018년 7월 25일 | 펴낸이 이충호 | 펴낸곳 길벗어린이㈜ | 등록번호 제10-1227호
등록일자 1995년 11월 6일 | 주소 04000 서울시 마포구 월드컵북로 45 에스디타워비엔씨 2F
대표전화 02-6353-3700 | 팩스 02-6353-3702 | 홈페이지 www.gilbutkid.co.kr
총괄 권혁환 | 편집1팀 송지현 최미라 | 편집2팀 이은영 김연수 임하나 | 디자인 서정민
마케팅 유소희 김서연 김형주 황혜민 손성문 | 총무·제작 최수용 손희정 임희영
ISBN 978-89-5582-461-2 74400, 978-89-5582-463-6(세트)

I LOVE SCIENCE: A JOURNAL FOR SELF-DISCOVERY AND BIG IDEAS by Rachel Ignotofsky
Copyright ⓒ 2017 by RACHEL IGNOTOFSKY
All rights reserved.
This Korean edition was published by Gilbut Children Publishing in 2018 by arrangement with Ten Speed Press, an imprint of the Crown Publishing Group, a division of Penguin Random House LLC through KCC(Korea Copyright Center Inc.), Seoul.

이 책은 ㈜한국저작권센터(KCC)를 통한 저작권자와의 독점계약으로 길벗어린이㈜에서 출간되었습니다. 저작권법에 의해 한국 내에서 보호를 받는 저작물이므로 무단전재와 복제를 금합니다.

이 책의 국립중앙도서관 출판예정도서목록(CIP)은 서지정보유통지원시스템 홈페이지(http://seoji.nl.go.kr)와 국가자료공동목록시스템(http://www.nl.go.kr/kolisnet)에서 이용하실 수 있습니다. (CIP 제어번호 : CIP2018014909)